Alexander Holzach

Ein Möhrchen Glück

arsEdition

GLÜCK IST ...

... immer ein offenes Ohr für Sorgen und Nöte zu finden.

GLÜCK IST ...

... jemanden zu haben, der einen beim Shoppen berät.

GLÜCK IST ...

... jemanden zu haben,
mit dem man feiern kann ...

... und der dafür sorgt, dass
man heil nach Hause kommt.

GLÜCK IST ...

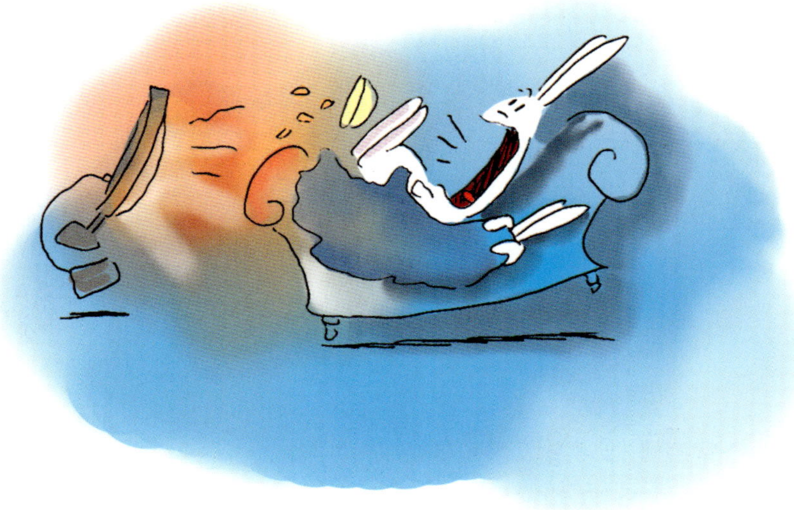

.. jemanden zu haben, mit dem man sich gemeinsam gruseln kann.

GLÜCK IST ...

... einen ganzen Sonnentag lang Zeit zusammen zu haben.

GLÜCK IST ...

... ein Augenblick Geborgenheit.

GLÜCK IST ...

... nach einem stressigen Tag ...

... einfach mal abzutauchen.

GLÜCK IST ...

... zur Abwechslung Zeit für sich zu haben.

GLÜCK IST ...

... auch mal faul sein zu können.

GLÜCK IST ...

... unvermittelt eine liebe Stimme zu hören.

GLÜCK IST ...

... die Seele baumeln zu lassen.

GLÜCK IST ...

... in eine tolle Zukunft zu blicken.

GLÜCK IST ...

... nicht lockerzulassen ...

... bis man bekommt,
was man sich wünscht.

GLÜCK IST ...

... Schokolade.

GLÜCK IST ...

... das perfekte Gewicht zu haben.

GLÜCK IST ...

... wenn dein Schutzengel gut auf dich aufpasst.

GLÜCK IST ...

... wenn deine Bestellung ans Universum erhört worden ist.

GLÜCK IST ...

... tolle Gespräche mit Freunden zu haben.

GLÜCK IST ...

... erreichbare Ziele zu haben.

GLÜCK IST ...

... mit den besten
Kumpels abzuhängen.

GLÜCK IST …

… jemanden zu haben, mit dem man sich verbunden fühlt.

GLÜCK IST ...

... gut in Schuss zu sein.

GLÜCK IST ...

... die Dinge von der positiven Seite her zu betrachten.

GLÜCK IST ...

... wenn man wach geküsst wird.

GLÜCK IST ...

... Zeit für die Familie zu haben.

GLÜCK IST …

GLÜCK IST ...

... für etwas Kleines verantwortlich zu sein.

GLÜCK IST ...

... sein Glück teilen zu können.

GLÜCK IST ...

... mal fünf Minuten nicht gestört zu werden.

GLÜCK IST ...

... wenn die anderen an deinen Geburtstag denken.

GLÜCK IST ...

... eine fantastische Nacht lang wach zu bleiben.

GLÜCK IST ...

... einfach mal durchzuschlafen.

GLÜCK IST ...

... einen Adrenalinkick zu erleben.

GLÜCK IST ...

... eine große Hürde überwunden zu haben.

GLÜCK IST ...

... wenn auf den Regenguss Sonnenschein folgt.

GLÜCK IST ...

... zufrieden und vollgefressen den Tag zu genießen.

GLÜCK IST ...

... beim anderen
einen zuverlässigen
Halt zu finden.

GLÜCK IST ...

... in einer Disziplin der Beste zu sein.

GLÜCK IST ...

... einer blöden Situation knapp entgangen zu sein.

GLÜCK IST ...

... wenn die Zeit mal wieder alle Wunden geheilt hat.

GLÜCK IST ...

... das irre Gefühl, wenn dir jemand den Kopf verdreht hat.

GLÜCK IST ...

... jeden Tag über etwas Neues zu staunen.

GLÜCK IST ...

... ein tolles Heim
gefunden zu haben.

GLÜCK IST ...

... lauter Likes von echten Freunden zu bekommen.

GLÜCK IST ...

... wenn dir jemand sein Herz schenkt.

GLÜCK IST ...

... dass DU mit drauf bist auf der Weltkugel.

Illustration und Text: Alexander Holzach
Lizenzgeber: Licensegateway Ltd., Köln
Gestaltung: Jürgen Hailer, arsEdition GmbH
ISBN 978-3-8458-0773-7

www.arsedition.de

FSC www.fsc.org MIX Papier aus verantwortungsvollen Quellen FSC® C012700